PUBLICATION DE LA SOCIÉTÉ DES ARCHIVES HISTORIQUES

DE LA SAINTONGE ET DE L'AUNIS

L'ORGANISATION DU CLERGÉ

EN 1803

DANS LE

DEPARTEMENT DE LA CHARENTE-INFÉRIEURE

PAR

P. LEMONNIER

LA ROCHELLE

IMPRIMERIE NOUVELLE NOEL TEXIER

29, RUE DES SAINTES-CLAIRES, 29

1910

L'ORGANISATION DU CLERGÉ EN 1803

DANS LA CHARENTE-INFÉRIEURE

Extrait du *Bulletin de la Société des Archives historiques de Saintonge et d'Aunis.*

PUBLICATION DE LA SOCIÉTÉ DES ARCHIVES HISTORIQUES

DE LA SAINTONGE ET DE L'AUNIS

L'ORGANISATION DU CLERGÉ

EN 1803

DANS LE

DÉPARTEMENT DE LA CHARENTE-INFÉRIEURE

PAR

P. LEMONNIER

LA ROCHELLE

IMPRIMERIE NOUVELLE NOEL TEXIER

29, RUE DES SAINTES-CLAIRES, 29

1910

L'ORGANISATION DU CLERGÉ

EN 1803

DANS LA CHARENTE-INFÉRIEURE

Dès les premières années de la révolution. l'ancien établissement ecclésiastique de l'église de France, basé sur la propriété foncière et la dîme, s'écroulait au milieu des cris de joie des uns et de l'indifférence des autres.

L'assemblée nationale faisait de l'église une administration publique, et du prêtre un fonctionnaire, rétribué par l'Etat, quelque fussent le nombre et la ferveur de ses fidèles. La grande majorité des ecclésiastiques de Saintonge et d'Aunis accepta la constitution civile du clergé; mais bientôt, insermentés et assermentés furent emprisonnés, déportés, guillotinés: les presbytères furent mis en vente et les églises pillées et saccagées.

Au milieu de ces ruines, quelques prêtres continuèrent secrètement le culte. Après la terreur quelques autres revinrent en France, et célébrèrent la messe dans des maisons particulières. Des curés constitutionnels reprirent leurs fonctions, un certain nombre d'édifices religieux furent rendus au culte. J'ai résumé cette page de notre histoire locale, je voudrais essayer de retracer, au moyen des documents, conservés aux archives départementales (1), l'organisation de 1803.

Pendant les premiers mois de l'année 1801, les prêtres déportés ou émigrés rentrèrent en masse. Ils allaient dans leur famille, ou chez des amis restés fidèles, d'autres regagnaient leur ancienne paroisse. Les vicaires épiscopaux accordaient des pouvoirs, faisaient des nominations, en tenant compte des demandes des populations et des désirs du prêtre. Tant que les ecclésiastiques avaient été peu nombreux, connus et vénérés du

---

(1) V. Culte catholique, organisation de l'an XIII.

V. Cultes: circulaires imprimées du préfet, ans IX et XIII et au delà.

V. Etat des églises et des presbytères en 1806.

V. Délibérations des conseils municipaux, an XI.

V. Revenus des fabriques en 1808.

petit nombre de leurs fidèles, ils avaient trouvé des ressources.
A la fin de 1801, le département contenait environ 500 prêtres :
quelques-uns souffrirent des privations et des rebuts, qu'ils
n'avaient pas connus dans l'exil. Des campagnes leur furent in-
hospitalières ; n'étaient-ils pas les propriétaires légitimes des
bien vendus, il y avait dix ans ? Ils se réfugièrent dans les villes : à La Rochelle, à Rochefort, à Nantes, à Saint-Jean d'Angély, à Surgères, à Marans.... Ils savaient que le pape et le
premier consul traitaient du rétablissement du culte catholique, ils attendaient.

Le concordat fut signé le 5 juillet 1801, converti en loi le
8 avril 1802, et promulgué solennellement le jour de Pâques de
cette année. Le siège métropolitain de Bordeaux n'embrassait
plus que trois évêchés : Angoulème, La Rochelle et Poitiers.
Ceux d'Agen, Condom, Luçon, Périgueux, Saintes et Sarlat
étaient supprimés.

L'ancien diocèse de Saintes était rattaché à l'évêché de La
Rochelle, qui perdait une grande partie de son ancien territoire, compris dans le département des Deux-Sèvres, réuni à
l'évêché de Poitiers. D'autre part, le département de la Vendée
faisait partie du diocèse de La Rochelle. Les traditions séculai-
res, les souvenirs de la formation ecclésiastique, les relations éta-
blies avec des supérieurs, dont on avait apprécié le dévouement,
dans des infortunes communes, tous ces liens étaient rompus.

Le 16 août 1801, le souverain pontife adressait aux évêques
un bref, dans lequel il leur déclarait : que le rétablissement de
la religion en France demandait leur démission.

Mgr de Coucy (1), évêque de La Rochelle, refusa et protesta
dans une lettre, adressée à ses diocésains, le 1er septembre 1802.
« Le pape, disait-il, serait l'église entière, s'il avait le droit
d'anéantir un régime divin, de substituer sa volonté surprise
et momentanée à celle de toute l'église ». Cette résistance
causa le schisme de la petite église.

Au mois d'octobre, Mgr Couet du Vivier de Lorris (2), ancien

---

(1) Coucy (Jean-Charles de), aumônier de Marie-Antoinette, fut nommé à
l'évêché de La Rochelle, le 9 mars 1790. Il émigra en Espagne et reçut de
Mgr de Quévédo, évêque d'Orens pendant 22 ans, l'hospitalité la plus généreuse, il revint en France en 1814, fut nommé archevêque de Reims en 1817
et mourut le 1er mars 1824.

(2) Couet du Vivier de Lorris (Michel-François), né à Metz, sacré évêque
de Vence, le 1er mars 1764 ; transféré à Tarbes en 1769, et à Angers en 1782.

évêque d'Angers, fut nommé à La Rochelle. Il reçut la soumission des nombreux vicaires épiscopaux, nommés depuis 1792, et choisit pour le représenter dans son nouveau diocèse M. l'abbé Rollet (1 , ex-chanoine de la collégiale de Saint-Georges de Rez, dans l'ancien diocèse de Saintes. Le nouvel évêque, ému de l'opposition de Mgr de Coucy, lui écrivit secrètement pour lui demander ses pouvoirs ; il ne parut pas dans le diocèse, donna sa démission et mourut quelque temps après.

Le concordat et les articles organiques portaient : que les évêques, de concert avec les préfets, feraient une nouvelle circonscription de leur diocèse. Il devait y avoir, au moins, une paroisse dans chaque justice de paix, et autant de succursales que le besoin l'exigerait. L'évêque et le préfet décidaient du nombre et de l'étendue des succursales, les plans arrêtés ne pouvaient être mis à exécution qu'après avoir été connus et autorisés par le gouvernement.

Le préfet était M. Guillemardet (2). Ancien conventionnel, il avait voté la mort de Louis XVI. Après le 9 thermidor, il avait été envoyé en mission dans les départements de Seine-et-Marne, de l'Yonne et de la Nièvre, pour y poursuivre les terroristes. A Alençon il avait décrété : « que les édifices nationaux, connus sous le nom de temple, église ou chapelle, ne pouvaient être consacrés qu'à des objets d'utilité publique ». Il avait ainsi sauvé de la destruction plusieurs monuments religieux. De retour à la convention, il s'était prononcé pour le libre exercice des cultes.

Le 6 fructidor an X (24 août 1802). MM. Rollet et Guillemardet signaient le plan de l'organisation nouvelle. Ils avaient, disaient-ils, appelé les hommes qui connaissaient le mieux les localités, consulté les communes, étudié la carte, et tenu compte

---

(1) Rollet (Jean-Louis-Simon), né à Rochefort le 28 juillet 1750, était fils d'Anne Lemercier des Ormeaux, qui, veuve de Jean-Jacques Rollet, conseiller du roi, prévôt de la marine, épousa à Saintes, le 22 avril 1794, Jean-Elie Lemercier. M. l'abbé Rollet était le frère utérin de Louis-Nicolas Lemercier, président du conseil des anciens au 18 brumaire.

(2) Guillemardet (Ferdinand-Pierre-Marie-Dorothée), né à Couches (Saône-et-Loire), le 3 avril 1765, fut d'abord médecin à Autun, maire de cette ville, plus tard député à la Convention, membre du conseil des Anciens et ambassadeur en Espagne. Bonaparte le nomma préfet de la Charente-Inférieure, le 6 brumaire an IX ; il passa, le 12 juillet 1806, à la préfecture de l'Allier, fut fait chevalier de l'empire, le 5 octobre 1808, et mourut l'année suivante frappé d'aliénation mentale.

des accidents topographiques. Les communes étaient groupées par deux ou par trois, de manière à réunir. pour chaque succursale une population d'environ 1.200 habitants. Si le chiffre était moindre, c'est que la population, plus clairsemée, occupait un plus vaste territoire.

Cette organisation comprenait: 1° 14 cures de première classe: Jonzac, Marans, Marennes, Notre-Dame de Rochefort, Saint-Barthélemy de La Rochelle, Saint-Eutrope de Saintes. Saint-Georges d'Oleron. Saint-Jean d'Angély, Saint-Louis de Rochefort, Saint Martin de Pons. Saint-Martin de Ré, Saint-Pierre de Saintes, Saint-Sauveur de La Rochelle, et Tonnay-Charente.

2° 44 cures de seconde classe : Aigrefeuille. Archiac. Ars en-Ré, Arvert, Aulnay. Brizambourg. Chaniers, Chérac, Courçon, Cozes, Dompierre-sur-Mer, Ecoyeux, Gémozac. Genouillé, La Flotte, La Jarrie, La Tremblade, Le Château d'Oleron, Loulay, Matha, Mirambeau, Montendre, Montguyon. Montlieu. Mortagne, Pérignac, Pont-l'Abbé. Royan, Saint-Agnant. Saint-Aigulin, Saint-Fort-sur-Gironde. Saint-Genis, Saint-Jean d'Angély (deuxième cure), Saint-Just, Saint-Médard. Saint-Pierre d'Oleron, Saint-Savinien, Sainte-Soulle. Saujon, Soubise, Surgères, Taillebourg, Taugon et Tonnay-Boutonne :

3° 215 succursales.

A la fin de 1802, un décret des consuls ordonnait d'adresser au ministre des finances, aussitôt après la formation de la circonscription nouvelle, un rapport sur l'état des églises et des presbytères. Cette enquête, faite par les municipalités, exposée dans les procès-verbaux de leurs séances, appuyée par les observations des maires et des sous-préfets, montre tout ce que la révolution avait accumulé de ruines.

Les églises, depuis leur fermeture en 1793, n'avaient point été entretenues, les toitures s'effondraient, les pavages avaient été levés pour rechercher du salpêtre, les vitraux brisés, les tableaux brûlés, les autels renversés, les sacristies pillées. Les édifices les plus beaux avaient servi aux usages les plus profanes. Les vases sacrés et les objets d'or ou d'argent avaient été envoyés à l'hôtel de la monnaie à La Rochelle, les cloches aux fonderies de Rochefort. Les ornements les plus riches, portés au district, avaient disparu. L'immense trésor d'art formé par le génie des siècles précédents avait été anéanti. Une puissance infernale, anticatholique et antifrançaise, avait passé sur ce pays comme un cyclone dévastateur.

Les feuilles à remplir, envoyées aux maires par la préfecture, sont au nombre d'environ 500, elles sont accompagnées d'un nombre presque égal de procès-verbaux des municipalités. Ces pièces forment un long réquisitoire.

Voici les observations de M. Garreau, maire de La Rochelle, au sujet de la cathédrale : « Cette église est un édifice neuf, qui, loin d'être hors de service, n'est pas encore achevé ; elle a besoin, dans l'intérieur, de tout ce qui est nécessaire pour en former une cathédrale décente : boiseries au fond du chœur, stalles, autels, chapelles, appui de communion, grilles, balustrades, tout manque, ou, s'il y a quelque chose de fait, c'est au-dessous de la dignité d'une cathédrale, et on doit d'ailleurs presque tout aux ouvriers. Il est de la plus grande urgence de fournir la sacristie des vases, ornements et linges indispensables à l'exercice et à la décence du culte. »

Si telle était la cathédrale du diocèse, on peut juger de l'état des autres églises.

Beaucoup de presbytères avaient été vendus ; il était difficile de trouver un autre immeuble convenable. Souvent l'ancienne cure attenait à l'église : les municipalités offraient aux acquéreurs de les leur racheter, parfois ceux-ci refusaient ou demandaient un gros bénéfice. Ainsi en était-il à La Couarde et à Thairé. C'était la question des biens nationaux qui renaissait. M. de Missy, sous-préfet de La Rochelle, grand acquéreur de biens ecclésiastiques, reprochait au maire de La Couarde de discréditer les ventes nationales.

D'autres presbytères étaient occupés soit par la gendarmerie, soit par les instituteurs, ou encore par des particuliers à qui la régie des domaines les avait affermés. Les conseils municipaux étaient invités à rechercher les moyens à prendre pour l'établissement ou la réparation de ces édifices.

Dans une lettre adressée au préfet de Saintes, M. Fleury, curé de Corme-Ecluse, fait la description de son presbytère, elle peut s'appliquer au plus grand nombre : « La maison nécessite les réparations les plus urgentes ; aucune porte, tant du dehors que du dedans, ne tient. Les contrevents sont hors de service, une partie des croisées est rompue. A l'exception d'une serrure qui va, sur deux qui restent, toutes les autres ont été enlevées, en sorte que, dans cette maison, fermée ou ouverte, tout le monde peut entrer, quand bon lui semble. Le plancher, enlevé en partie, inserviable pour le reste, est dangereux pour quiconque y passe sans précaution. Toutes les servitudes sont dans le même état ; les murs de la cour et du jardin ne sont qu'une brèche continuelle, et s'il faut passer l'hiver dans cette maison, sans qu'elle soit accommodée, autant vaudrait se servir d'une tente, car le vent y passe de tous côtés. »

Les jardins attenant aux presbytères et non aliénés, devaient être rendus aux desservants : à leur défaut, il devait leur en être fourni un autre, aux frais de la commune.

Les baux, s'il y en avait, devaient être résiliés, et les administrations ou les instituteurs, qui occupaient ces bâtiments ou ces jardins, devaient se pourvoir d'un autre local, à moins d'un arrangement agréé par le curé, et qu'il lui soit fourni un autre logement.

Les rentes et fondations, chargées de messes, anniversaires et services religieux, faisant partie des revenus des églises, étaient comprises dans les dispositions de l'arrêté du 7 thermidor an XI, et à ce titre, devaient être rendues à leur première destination.

Le premier consul rétablit les fabriques (art. org. 76), sans la participation du pape ou des évêques. Il en avait fait une institution civile, au lieu d'un établissement ecclésiastique. Il y avait dans chaque paroisse deux fabriques : l'une intérieure, pour le produit des oblations et la décoration de l'église; l'autre extérieure, pour l'administration des biens fonds. De là naquirent des divisions et des mésintelligences, et le gouvernement sentit la nécessité de réunir les deux institutions en une seule, ce fut l'objet du décret du 30 décembre 1809.

L'examen de l'état des revenus des fabriques en 1806 indique qu'une vingtaine avaient recouvré quelques rentes fort minimes de 1 à 2 francs, cinq ou six avaient ainsi un revenu dépassant la somme de 100 francs. Du riche dépôt, confié par la piété des générations passées à l'honnêteté de leurs descendants, c'est à peu près tout ce qui restait.

Les articles organiques fixaient le traitement des curés de première classe à 1.500 francs, celui des curés de deuxième classe à 1.000 francs. Les desservants et les vicaires devaient être choisis parmi les ecclésiatiques pensionnés, en exécution des lois de l'assemblée constituante. Le montant de ces pensions et le produit des oblations formaient leur traitement.

Pendant l'été de 1803, les conseils municipaux furent convoqués extraordinairement pour délibérer : 1° sur l'augmentation de traitement à accorder aux desservants et aux vicaires; 2° sur les frais d'ameublement des maisons curiales ; 3° sur les fonds destinés à l'achat et à l'entretien des objets nécessaires au service du culte, et 4° sur le mode le plus convenable pour lever ces sommes à fournir par les communes.

Les augmentations accordées s'élevèrent de 200 à 1.200 francs pour les desservants, elles furent de 250 francs pour les vicaires.

« Ce supplément, dit le conseil municipal de Marennes, sera subordonné au traitement ou indemnité, que le gouvernement accordera au curé, et porté au taux nécessaire pour faire, avec sa pension, un revenu de 2.000 francs, et, pour le vicaire, un revenu de 1.100 francs, y compris sa pension. » Ce fut l'augmentation la plus élevée. Les communes de l'île d'Oleron se montrèrent les plus généreuses du département.

Dans les frais d'ameublement sont comptés des achats de lits, armoires, tables, chaises, fauteuils, lingerie et batterie de cuisine. Des desservants refusèrent d'accepter cette dernière dépense, en déclarant qu'ils possédaient déjà un mobilier.

Toutes les municipalités acceptèrent, comme mode de prélèvement des sommes afférentes à ces dépenses, le marc par franc sur le principal des impositions foncières et mobilières.

Les sous-préfets résumèrent, les résultats de toutes les délibérations de leur arrondissement, dans des tableaux dont voici les totaux.

Arrondissement de La Rochelle

Acquisition, location, réparation des églises et des presbytères. . . .	54.511	»
Augmentation de traitement des ministres du culte	30.702	»
Frais d'ameublement des maisons curiales.	10.896	»
Frais d'achat et d'entretien des objets nécessaires au culte.	7.880	»
Total. . . .	104.019	»
Réduction proposée par le préfet . .		63.400

Arrondissement de Saintes

Acquisition, location, réparation des églises et des presbytères. . . .	20.392 »	
Augmentation de traitement des ministres du culte	26.681 »	
Frais d'ameublement des maisons curiales.	19.718 »	
Frais d'achat et d'entretien des objets nécessaires au culte.	18.760 »	
Total. . . .	85.551 »	
Réduction proposée par le préfet . .		43.800

Arrondissement de Jonzac

Acquisition, location, réparation des églises et des presbytères. . . .	35.226 »	
Augmentation de traitement des ministres du culte	18.370 »	
Frais d'ameublement des maisons curiales.	18.276 »	
Frais d'achat et d'entretien des objets nécessaires au culte.	12.205 »	
Total. . . .	84.077 »	
Réduction proposée par le préfet . .		43.530

Arrondissement de Saint-Jean d'Angély

Acquisition, location, réparation des églises et des presbytères. . . .	9.359 »	
Augmentation de traitement des ministres du culte	12.380 »	
Frais d'ameublement des maisons curiales.	5.740 »	
Frais d'achat et d'entretien des objets nécessaires au culte.	9.437 98	
Total. . .	36.916.98	
Réduction proposée par le préfet . .		22.019

Les tableaux des dépenses pour les arrondissements de Rochefort et de Marennes n'ont pas été terminés.

Le budget des cultes, en l'an XI, s'élève donc à . . . . 172.749 fr.

(après les réductions opérées), pour les quatre arrondissements ci-dessus.

Cette somme était insuffisante pour subvenir à tant de besoins, d'achats et de réparations. Les hommes, qui votaient ces dépenses, avaient été les témoins de la grande spoliation, dont les victimes réapparaissaient au milieu d'eux. Ces maires, ces conseillers étaient les acquéreurs des biens ecclésiastiques, ils détenaient chez eux quelques meubles de l'ancienne abbaye ou du ci-devant prieuré. Ce prêtre qui revenait de l'exil, reconnaissait non-seulement les immeubles et les champs de la cure, mais aussi, çà et là quelques débris de sa bibliothèque et des objets qui lui étaient familiers il n'y avait que dix ans. On s'empressait à voter les fonds demandés pour ne pas être obligés à la restitution. Les communes les plus généreuses furent celles où la grande propriété ecclésiastique avait été morcelée et vendue. Une idée se formulait : La nation s'est emparée du fond, c'est à elle qu'il incombe d'en payer la rente, de là le traitement qui sera bientôt accordé par l'État aux succursalistes.

L'organisation du personnel offrait plus de difficultés. Il fallait rassembler, sous l'autorité d'un même évêque, des ecclésiastiques d'origine diverse et de conduite très différente. Il y avait les survivants des ordres religieux : bénédictins, capucins, dominicains, etc. ; des dignitaires de l'ancien clergé : chanoines des chapitres, chanoines réguliers, prieurs, curés ou vicaires. Les uns avaient refusé le serment et souffert la prison et l'exil ; les autres avaient tout accepté. Parmi ces derniers, beaucoup avaient été curés intrus, et avaient remis leurs lettres de prêtrise, quelques-uns s'étaient fait persécuteurs de leurs confrères et s'étaient mariés civilement. Nécessairement il fallait faire un choix, apprécier les vertus et les services rendus, se montrer miséricordieux et réhabiliter ceux qui pouvaient l'être.

D'autre part, le gouvernement ordonnait de n'exiger aucune espèce de rétractation, de ne demander aux prêtres ni serment, ni formule autre que la déclaration qu'ils adhéraient au concordat, et qu'ils étaient dans la communion des évêques nommés par le premier Consul.

Toutes les nominations, faites antérieurement par les vicaires épiscopaux, furent considérées comme provisoires.

Aucun prêtre ne devait plus exercer le culte dans une maison particulière, sans autorisation du gouvernement ; ceux-là seuls pouvaient l'exercer dans les églises, qui en avaient reçu la permission de l'évêque.

Des curés constitutionnels étaient restés dans leurs paroisses, ou s'étaient établis dans d'autres églises ; ils avaient rétabli le culte, ils étaient acceptés par les populations ; il était difficile de leur imposer un changement. Des pétitions étaient signées en leur faveur, elles étaient appuyées par les sous-préfets et les municipalités.

A Rochefort, les habitants pétitionnèrent pour conserver à la cure de Saint Louis, M. Salvin, ancien carme, prêtre constitu-tionnel; M. Rollet plaça à ce poste M. Jeudy, né comme lui à Rochefort (1) et insermenté. M. Salvin fut proposé pour la cure de Saint-Agnan, et M. La Forest pour celle de Notre-Dame de Rochefort. Les habitants pétitionnèrent de nouveau et obtinrent le curé de leur choix.

Les incidents de la nomination, à la cure de Marans, de M. Pinelière, ancien curé de Saint-Martin de Ré, nommé, en 178¹, député à l'Assemblée nationale, révèlent ce qu'il y avait de difficultés sur plusieurs points du diocèse.

Le culte avait été rétabli dans cette ville, le 18 mars 1797, par l'abbé Arrivé, natif de Marans, assisté de M. Hervé, ex-capucin de Fontenay, l'un et l'autre constitutionnels. En 1802, les catholiques, en majorité, ne voulaient avoir aucun rapport avec ces ecclésiastiques, qu'ils accusaient d'avoir apostasié. Ils suivaient les prêtres réfractaires, revenus de l'exil. Les parti-sans des constitutionnels étaient moins nombreux, mais ils étaient plus énergiques.

Ils soutenaient que les prêtres assermentés étaient les seuls qui avaient fait acte de bon citoyen, en se conformant aux lois de leur pays ; ceux qui avaient émigré, disaient-ils, n'avaient été poussés que par leur intérêt personnel, sans souci de la reli-gion, et ils concluaient : « que ces derniers ne devaient pas, après l'orage, venir réclamer la récompense, qui n'était due qu'à ceux qui n'avaient jamais désespéré de la religion. »

M. Rolland, maire de Marans, fit intervenir M. de Missy, sous-

---

(1) Jeudy (Jean-Baptiste), né à Rochefort, le 20 décembre 1738, était fils de Toussaint Jeudy, commis au Trésor de la marine, et de Tison Du Mesnil, Marguerite. Il eut pour parrain Messire Jean-Baptiste de Mac-Nemara, capi-taine de vaisseau et major du port de Rochefort, et pour marraine, Julie de Vassoigne, épouse de François de Sainte-Hermine, chef d'escadre.

préfet de la Rochelle, et M. Fleuriau, et il obtint la nomination de M. Pinelière. Les notes, inscrites en marge de la minute du projet d'organisation, sont suggestives : après un nom, l'auteur écrit : « On n'en veut pas ! » après un autre, il met ce seul mot : « Content ! »

Les articles organiques ajoutaient : « Que tout ecclésiastique pensionnaire de l'Etat serait privé de sa pension, s'il refusait, sans cause légitime, les fonctions qui pouvaient lui être confiées ! » Cette dernière clause amena à se mettre à la disposition de M. Rollet, délégué de Mgr de Lorris, quelques ecclésiastiques dont la nomination fut un scandale, et qu'il fallut promptement éloigner.

Le 6 octobre 1802, MM. Rollet et Guillemardet arrêtaient le projet des nominations pour le service paroissial. Il comprenait 14 curés de première classe, 43 curés de seconde classe, 203 succursalistes, 46 vicaires et 5 aumôniers des hôpitaux. Soit un total de 312 ecclésiastiques.

Les signataires ajoutaient : « Qu'ils ne connaissaient pas dans le diocèse, de prêtres dans le cas de radiation pour une place, pour cause d'émigration ; qu'il leur avait été impossible de se conformer à la clause concernant l'époque, où les prêtres devaient être rentrés en France pour être employés, car la grande majorité n'était entrée que depuis quatre ou cinq mois ; que la disette de prêtres les avait forcés à les placer selon les circonstances locales et personnelles, mais que tous leur étaient assez connus pour répondre au gouvernement de leurs sentiments et de leur conduite. Ils avaient observé, autant qu'il leur avait été possible, la proportion prescrite pour les prêtres constitutionnels dans les nominations aux cures et aux succursales. »

Le projet nommait aux cures de première et de deuxième classes, 42 insermentés et 16 assermentés.

A cette époque, M. Rollet dut à l'influence de son frère, le sénateur Lemercier, sa nomination à l'évêché de Montpellier. Il quitta Saintes et prit possession de son siège épiscopal, le 5 décembre 1802.

Le 8 pluviôse an XI (28 janvier 1803), l'organisation du diocèse était présentée à Portalis par Mgr de Lorris, et approuvée par le premier Consul.

Les cures étaient réduites au nombre de 37. Parmi les curés, douze étaient d'anciens constitutionnels. Voici les curés et leurs titulaires :

Aigrefeuille, M. Nicolleau ; Archiac, M. Monjou ; Arvert, M. Delon ; Aulnay, M. Robert P., constitutionnel ; Brizambourg, M. Guyonnet, constitutionnel ; Chérac, M. Leroy ; Courçon, M. Chartier, constitutionnel ; Cozes, M. Daubonneau, constitutionnel ; Gemozac, M. Robert A. ; Jonzac, M. de Saint-Légier ; La Jarrie, M. Lescuyer, constitutionnel ; Le Château-d'Oleron, M. Sazerat ; Loulay, M. Lacroy-Saint-Cyprien ; Marans, M. Pinelière ; Marennes, M. La Coudraye ; Matha, M. Pelluchon, constitutionnel ; Mirambeau, M. Frichon : Montendre, M. Monjou Pierre ; Montguyon, M. Bart ; Montlieu, M. Richard, constitutionnel ; Pont-l'Abbé, M. Buisson ; Saint-Agnan, M. La Forest ; Saint-Barthélemy de La Rochelle, M. Mirlin ; Saint-Eutrope de Saintes, M. Meisseix ; Saint-Genis, M. Garnier Henri ; Saint-Georges d'Oleron, M. Saint-Médard ; Saint-Jean d'Angély, M. Cardailhac ; Saint-Louis de Rochefort, M. Jeudy ; Saint Martin de Pons, M. Guilbeau G. ; Saint-Martin de Ré, M. Gonnin, constitutionnel ; Saint-Pierre de Saintes, M. Hardy ; Saint-Sauveur de La Rochelle, M. Delezay, constitutionnel ; Saint-Savinien, M. Merveilleux, constitutionnel ; Saujon, M. Mallet Louis, constitutionnel ; Surgères, M. Dhesnin ; Tonnay-Boutonne, M Rinjonneau, constitutionnel ; Tonnay-Charente, M. Landreau.

Les succursales étaient au nombre de 230. Le 24 décembre de cette même année, 15 autres communes furent érigées en succursales, ce qui porta leur nombre à 245.

Dans l'île de Ré, où les curés assermentés étaient demeurés, et avaient énergiquement lutté pour le maintien de l'observation religieuse du dimanche, M. Gounin, ancien curé de Cravans, curé intrus de Saint-Vivien de Pons, ex-vicaire épiscopal de l'évêque constitutionnel Robinet, et t nommé à la cure de Saint-Martin de Ré.

Dans l'île d'Oleron, au contraire, les curés avaient refusé le serment. Tous étaient replacés dans leur ancienne paroisse, et M. Saint-Médard, ancien curé de Nantillé, émigré en Angleterre, était appelé à la cure de Saint-Georges. Les arrondissements de Jonzac et de Saint-Jean d'Angély recevaient les prêtres constitutionnels ; les cantons d'Aulnay, de Matha et de Tonnay-Boutonne ne comptaient que des assermentés, et les plus compromis aux heures tragiques de la révolution. Les populations de cette partie du département, indifférentes ou irreligieuses, avaient perdu toute notion du prêtre catholique.

M. l'abbé Rollet (1), intelligent, vertueux et d'une grande piété, manquait de la force d'âme et de l'énergie nécessaire à cette époque. Les contemporains lui ont reproché l'organisation de 1803. Mais, vicaire général, s'est-il trouvé dans une position plus difficile ?

Il se laissa imposer des sujets indignes. Parmi eux était François Desseix de Masdebord, né à Maillé (Haute-Vienne), le 11 janvier 1746. Religieux augustin, il avait rempli les fonctions d'aumônier du 4ᵉ régiment de marine ; il se distingua par son zèle révolutionnaire. Il se vantait d'avoir été le premier prêtre de Rochefort à prêter le serment, et le premier prêtre de France qui eut apostasié, en livrant ses lettres de prêtrise. Tour à tour espion, et délégué des conventionnels Laignelot et Lequinio, il dénonça les frères Faucher de La Réole, qui, condamnés à mort par le tribunal révolutionnaire de Rochefort, furent arrachés au dernier supplice par les protestations de la foule. Il porta la terreur dans l'arrondissement de Jonzac, et procéda à l'arrestation du marquis Duchilleau, ancien gouverneur de Saint-Domingue, et de sa femme, dans leur château de Saint-Simon de Bordes. Il avait épousé civilement le 9 floréal an II, Marguerite Julie Rancien. Dans l'organisation nouvelle, cet homme était nommé à la cure de Saint-Georges de Longue-Pierre (2).

Ces nominations causèrent dans le clergé une impression d'autant plus pénible, que Monseigneur de Coucy paraissait les avoir annoncées dans la lettre de protestation adressée à ses diocésains.

« Bientôt, avait-il dit, le catholique et le constitutionnel deviendront deux cadavres qui se confondront dans la même dissolution. O fille de Sion, tes ministres te trahissent, tes pasteurs te conduisent à la gueule du loup, ou plutôt se changent en loups eux-mêmes !... Triomphez, jureurs, schismatiques, impies, apostats ! Vos nouveaux émules vous en donnent le

---

(1) Monseigneur Rollet reçut, à la fin d'avril 1806, une lettre de Portalis, qui lui apprenait qu'il avait donné sa démission, et que l'empereur le nommait chanoine de Saint-Denis. Il mourut en 1824.

(2) Masdebord revint à Rochefort, obtint du cardinal Caprara la réhabilitation de son mariage ; elle est consignée sur les registres paroissiaux à la date du 7 janvier 1806. Il remplit les fonctions de commis de la marine.

droit. Vos erreurs sont devenues les leurs, ils vont partager vos crimes !... »

Des prêtres, qui avaient bravé les plus grands dangers pour rester fidèles à l'église et maintenir la foi, étaient placés comme vicaires. M. Bonnerot, ancien curé de la paroisse Saint-Maur de Saintes, plus tard vicaire général du diocèse, avait été admirable de dévouement, il était nommé vicaire de Meursac. M. Barreau, ancien prieur de Saint-Vivien de Pons, plus tard fondateur des Ursulines et du petit séminaire de cette ville, était renommé dans son ancienne paroisse, mais comme vicaire de son remplaçant M. Bruneau.

Ces prêtres se soumirent humblement ; d'autres, émus par les protestations de leur ancien évêque, scandalisés par ces nominations, et fidèles à la royauté, repoussèrent le concordat. Un rapport de M. Dupin, préfet des Deux-Sèvres, signale M. Brunetière ancien chanoine de La Rochelle, comme opposé au concordat et se bornant à dire une messe basse le dimanche. M. Ducheyron du Pavillon, ancien chanoine de Saintes, refusa tout ministère, toute pension et vécut en partageant ses revenus personnels avec les pauvres. Pendant les premières années du XIXᵉ siècle, il y avait, dans nos villes, un certain nombre de ces vieux prêtres, vivant retirés et respectés.

D'autres formèrent le schisme de la petite église. Un des plus opiniâtres fut M. Doussin (1) (Jacques-Louis), né à Saint-Georges des Coteaux, le 11 septembre 1753, docteur en théologie et curé de Sainte-Marie en l'ile de Ré. Son vicaire M. Gibeau était également docteur, l'un et l'autre refusèrent le serment et passèrent en Vendée ; M. Gibeau fut guillotiné à Nantes.

Dans ses mémoires, Mᵐᵉ de La Rochejacquelin parle de M. Doussin, comme d'un prêtre des plus zélés. Monseigneur de Mercy, évêque de Luçon, lui avait donné les pouvoirs de vicaire général. Au milieu des luttes implacables, qui désolaient la Vendée, il sauva la vie à un grand nombre de prisonniers républicains, en arrêtant le massacre par les protestations énergiques qu'il adressa aux Vendéens. Traduit plus tard devant un tribunal, il fut acquitté en souvenir de cette action.

---

(1) Il appartenait à cette admirable congrégation de Chancelade, trop oubliée, qui, à la fin du XVIIIᵉ siècle donna au diocèse tant de prêtres, remarquables par leur foi et leur intelligence.

A Dol, les royalistes, acculés à la mer par trois armées républicaines, furent saisis de panique. Doussin monta sur un tertre, en élevant un grand crucifix : « C'était un homme d'environ quarante ans (1), écrit de La Rochejacquelin, il avait une voix de stentor, il fit un discours énergique aux soldats parlant à la fois en prêtre et en militaire. il leur représenta qu'eux, leurs femmes, leurs enfants, périraient infailliblement si l'on cessait le combat, tandis qu'on pouvait espérer de les sauver, en le rétablissant. Il leur cria : « Mes enfants, je marcherai à votre tête, que ceux qui veulent se battre se mettent à genoux, je vais donner l'absolution aux braves ; s'ils tombent ils iront au paradis ; mais pour les poltrons qui abandonnent leur Dieu, leur famille, point d'absolution, ils mourront également, ils iront en enfer ! » Plus de 2.000 hommes se mirent à genoux, l'absolution fut donnée à haute voix ; les soldats se relevèrent avec enthousiasme, en criant : « Allons en paradis ! vive le roi ! » Ils partirent pleins d'ardeur, le prêtre à leur tête, ne cessant de les exhorter. »

Au retour de la campagne d'Outre-Loire, dont il fut un des rares survivants, Doussin desservit la paroisse de Bonny-sur-la-Roche. Il se fixa ensuite à Thorigny ; accusé d'avoir crié : Vive le roi ! à la vue de deux enfants mâles, qu'on lui présentait à baptiser, il fut arrêté et transféré le 9 thermidor an V à Fontenay-le Comte où il eut à souffrir de nombreuses vexations. Le 2 frimaire an VI, il fut condamné à la déportation et conduit à Rochefort. Enfermé à la prison de l'hôpital Charente, avec dix-sept autres captifs, prêtres ou laïques, il releva leur courage et les décida à désarmer les gardes nationaux, à les renfermer à leur place et à fuir. L'entreprise réussit, Doussin et ses compagnons prirent la route de La Rochelle ; à Tasdon il se sépara d'eux et continua vers la Vendée. Il s'arrêta à Chagnolet près de Dompierre et rétablit le culte.

Monseigneur Jean-François de Mandolx, successeur de Monseigneur de Lorris, fut sacré le 2 février 1803. Il avait autrefois rempli les fonctions de vicaire général de Marseille, et émigré en Italie. Le bruit fut répandu dans le diocèse qu'il avait prêté

---

(1) Le comité exécutif donne ainsi son signalement : « Doussin (Jacques-Louis), prêtre, âgé de 44 ans, natif de la commune de Saint-Georges les-Coteaux (Charente-Inférieure), taille 5 pieds deux pouces, cheveux, sourcils et barbe noirs, nez long et gros, bouche moyenne, menton fourchu, front ordinaire, visage allongé. »

le serment schismatique. L'historien Massiou s'est fait l'écho de cette calomnie, en appelant Monseigneur de Mandolx « prêtre constitutionnel. » L'abbé Briand, dans son *Histoire de l'Eglise Santone*, a réfuté cette assertion par les témoignages les plus irrécusables.

L'accusation portée contre le nouvel évêque augmenta les difficultés. M. l'abbé Paillou, bientôt évêque de La Rochelle, écrivait à M. Beauregard, le futur évêque d'Orléans : (30 mars 1803) : la petite église, je veux dire ceux qui tiennent à Monseigneur de Coucy sont encore pires que les constitutionnels, pas un d'eux ne s'est présenté pour saluer le nouvel évêque. Ils se tiennent cachés, ne reconnaissent d'autre évêque que Monseigneur de Coucy, et par conséquent, quelqu'interdit qu'on puisse prononcer, il ne s'abstiendront jamais de célébrer dans des oratoires particuliers. » « Août 1803 : Monseigneur l'évêque proposa des places aux prêtres dissidents, ils les refusèrent, déclarant ne pas reconnaître son autorité. Les choses en sont venues à ce point, que tous nos prêtres, qui avoisinent les Deux-Sèvres, sont décidés à donner leur démission, et alors cette partie du diocèse restera sans aucun secours spirituel » (1). A La Rochelle même, on comptait quelques prêtres dissidents.

Bonaparte, irrité de cette résistance, ordonnait à Talleyrand d'écrire (21 mai 1803) à d'Azara, ambassadeur d'Espagne : « Le premier consul désire que M. Coucy soit arrêté et détenu au secret dans un des couvents d'Espagne les plus éloignés de France ». Bonaparte renouvela cinq fois sa demande d'arrestation du prélat.

L'organisation concordataire, créée de toutes pièces, s'appliquait dans le département, à des populations dont les dispositions différaient d'arrondissement à arrondissement et même de paroisse à paroisse.

M. l'abbé Saint-Médard, curé de Saint-Georges d'Oleron, nous a tracé le tableau suivant (2) : « En parcourant les campagnes, je fus douloureusement affecté en voyant que, depuis huit ans, les dix-neuf-vingtièmes des habitants n'avaient point entendu la parole de Dieu, que les idées religieuses étaient presque étrangères aux jeunes gens de 15 ans et au-dessus,

---

(1) Voir la *Petite Eglise*, par B. Drochon.
(2) Etat de la religion dans l'île d'Oleron en 1802. Rapport de M. Saint-Médard.

que plusieurs personnes avaient contracté mariage sans avoir fait la première communion, et sans connaitre les premiers éléments de la religion ; à tous ces maux, il ne pouvait y avoir qu'un remède, c'était le rétablissement du ministère sacerdotal et public. Je fis donc ouvrir l'église de Saint-Georges ; quelque vaste que fut son enceinte, elle ne put suffire à la multitude innombrable qui s'y porta, avec des transports de joie, qu'il est impossible de décrire. »

Les populations de l'île d'Oleron avaient conservé un fond de religion. Elles avaient protégé et gardé leurs curés insermentés jusque dans les derniers mois de 1792 En Saintonge, surtout dans l'arrondissement de Saint-Jean d'Angély, le paysan était depuis longtemps foncièrement irreligieux. Les superstitions les plus étranges avaient remplacé la religion. Chaque village avait son sorcier ou sa sorcière ; dans beaucoup de communes, les sacristains présidaient les enterrements, organisaient des processions pour obtenir la pluie, faisaient de l'eau bénite et en distribuaient, bénissaient une foule d'objets et surtout le sel pour les animaux. Le paysan de cette partie du département, appelée longtemps « la petite Chine », était redevenu le *paganus* antique, qu'il n'a peut-être jamais cessé d'être.

En 1845, M. Soullard, doyen de Matha, écrivait à Mgr Villecourt: « On voit ici, ce qui n'existe nulle part en France, des familles entières, pères, mères et enfants, qui vivent sans baptême, sans première communion, sans mariage chrétien, et qui meurent sans avoir fait un seul acte extérieur de christianisme. On y voit des populations sans principes religieux, et tombées dans un tel état d'ignorance, que les pasteurs protestants qui avaient compté sur cet état de démoralisation religieuse, ont avoué publiquement que ces peuples ne pouvaient faire ni des catholiques, ni des protestants. Vie matérielle et presque animale, voilà l'existence du peuple en général. Les tribunaux d'ailleurs sont là pour marquer l'état moral du pays. »

On peut deviner quel accueil les prêtres reçurent dans cette contrée. Les populations opposaient la force d'inertie. Les réparations des églises et des presbytères étaient retardées, les ecclésiastiques, sans abri et souvent sans ressources, abandonnaient les succursales et se retiraient dans leurs familles. Un d'eux écrivait au préfet de Saintes, le 20 juillet 1803: « Depuis près d'un an, je n'avais reçu que deux pochées de blé et une barrique de vin, sur les représentations que j'ai fait, j'ai reçu depuis cette époque, un boisseau de blé et un petit écu. voilà tout ! par malheur je n'ai pas été récollet *et fodere non valeo*, ayant été privé de tout ce que j'avais, quelle ressource me reste-t-il ? »

Au 17 octobre 1804, vingt mois après la signature de l'organisation du personnel, soixante-trois succursales avaient été abandonnées par les curés. Voici le nom des succursales vacantes dans chaque canton. Ce tableau extrait du document officiel nous renseignera, mieux que toute autre considération, sur l'état religieux du département en 1803.

Cantons :

SAINTES, canton nord, 0 succursales vacantes sur 5 dans le canton ; canton sud, 3 sur 9 ; Burie, 1 sur 7 ; Cozes, 0 sur 9 ; Gemozac, 3 sur 9 ; Pons, 4 sur 11 ; Pont-l'Abbé, 3 sur 7 ; Saujon, 2 sur 6.

SAINT-JEAN D'ANGÉLY, 3 sur 10 ; Aulnay, 6 sur 11 ; Loulay, 4 sur 7 ; Matha, 10 sur 12 ; Saint-Hilaire, 4 sur 7 ; Saint-Savinien, 1 sur 5 ; Tonnay-Boutonne, 2 sur 3.

MARENNES, 1 sur 5 ; La Tremblade, 0 sur 5 ; Le Château-d'Oleron, 0 sur 2 ; Saint-Agnan, 1 sur 2 ; Saint-Pierre-d'Oleron, 0 sur 2.

JONZAC, 2 sur 7 ; Archiac, 0 sur 9 ; Mirambeau, 4 sur 9 ; Montguyon, 3 sur 7 ; Montendre, 3 sur 5 ; Montlieu, 2 sur 7 ; Saint-Genis, 2 sur 9.

LA ROCHELLE, canton ouest, 0 sur 5 ; canton est, 0 sur 6 ; Courçon, 0 sur 5 ; La Jarrie, 0 sur 5 ; Marans, 0 sur 3 ; Saint-Martin-de-Ré, 1 sur 7.

ROCHEFORT, 0 sur 4 ; Aigrefeuille, 0 sur 4 , Surgères, 2 sur 6 ; Tonnay-Charente, 1 sur 4.

Les îles et le littoral ont conservé leurs prêtres. Nous avons vu plus haut que cette partie du département avait été la plus généreuse dans les augmentations de traitement. Il restait aux fabriques quelques fondations. Sur les côtes, la vie est plus facile, les fruits de l'Océan sont une grande ressource. Les intelligences et les cœurs sont plus ouverts.

Dans l'intérieur des terres, les cantons de Cozes et d'Archiac restèrent au complet, les cantons d'Aulnay, de Matha et de Tonnay-Boutonne furent presque entièrement abandonnés.

Le chiffre des ecclésiastiques, employés dans le ministère paroissial, au mois de janvier 1803, était de 312. Au 17 octobre 1804, il n'était que de 211.

Ces prêtres avaient été ordonnés avant 1792, le plus jeune (1) était âgé de 36 ans, le plus vieux (2) comptait 83 ans.

Ils se classaient ainsi : de 36 à 40 ans, 19 ; de 41 à 50, 73 ; de 51 à 60, 67 ; de 61 à 70, 42 ; de 71 à 83, 10. La vie sacerdotale se trouvait resserrée entre 41 ans et 70 ans. Il devait s'écouler encore dix années avant que les séminaires rétablis puissent fournir de nouvelles générations ecclésiastiques.

Bonaparte avait voulu que, dans tous les diocèses, il y eut un constitutionnel parmi les vicaires généraux. A La Rochelle, c'étaient MM. Chappus et Constant. Ce dernier, né le 3 mai 1745, à Saint-Mégrin, avait été chanoine régulier de Saint-Augustin et professeur de théologie dans la congrégation de Chancelade. Il prêta le serment et fut nommé vicaire général de Bordeaux, d'Agen, de La Rochelle et d'Angoulème. Il mourut à Saint-Mégrin, le 15 septembre 1822. Son frère, né à Saint-Mégrin en 1736, entra chez les Dominicains et fut professeur à l'université de Bordeaux. Il fut nommé évêque constitutionnel d'Agen, donna sa démission en 1801 et mourut à Paris le 7 juin 1811.

L'évêque avait nommé un vicaire général pour chaque arrondissement, c'était avec ces ecclésiastiques qu'il administrait le diocèse.

Les chanoines titulaires étaient : MM. Texier, Paillou, ancien vicaire général de Luçon ; Legrix, ancien chanoine de Saintes ; Blavoust, ancien prieur de Surgères ; Regnier, Fournier et Caquineau.

Le 17 décembre 1804, Mgr de Mandolx passait à l'évêché d'Amiens, il quittait un diocèse où les difficultés lui paraissaient insurmontables (3).

Mgr Paillou (Gabriel-Laurent) lui succéda. Né à Puybelliard

---

(1) Bouyer (Jean-François), né le 11 octobre 1768, curé de Brie-sur-Archiac.

(2) Saint-Légier (Blaise-Antoine-Alexandre), né le 19 mars 1721, curé de Champagnac.

(3) Il mourut à Amiens le 11 avril 1817. Pendant le XIX⁰ siècle, tous les évêques du diocèse, à l'exception de NN. SS. Paillou et Le Camus morts à La Rochelle, ont été appelés à de plus hautes fonctions. Mgr Bernet à Aix, Mgr Villecourt, cardinal à Rome, Mgr Landriot à Reims, Mgr Thomas à Rouen, Mgr Ardin à Sens, Mgr Bonnefoy à Aix.

(Vendée). le 7 mars 1735, il avait été candidat au doyenné du chapitre de La Rochelle, avec M. Daviau plus tard archevêque de Bordeaux. Insermenté, il émigra en Espagne. Pendant l'exil, Mgr de Coucy lui confia la direction des ecclésiastiques émigrés de son diocèse. Mgr de Mandolx lui donna le titre de vicaire général. Mgr Paillou fut sacré à Paris, le 2 février 1805, par sa sainteté Pie VII, et ne prit possession de son diocèse que le 24 juin 1806. Il était âgé de 72 ans, mais plein de force. et connaissait le clergé et les populations qu'il était appelé à diriger.

L'organisation paroissiale de 1803 avait soulevé de nombreuses réclamations, tant sur la division territoriale que sur les nominations du personnel. L'obligation de se renfermer dans les limites des cantons, avait contraint les premiers organisateurs à grouper des communes éloignées les unes des autres.

Le décret du 11 prairial an XIII (31 mai 1805) ordonna une nouvelle circonscription. Désormais, il ne devait être tenu compte que de l'éloignement, des difficultés des communications et des rapports de sympathie, qui pouvaient favoriser les groupements.

Le même décret assurait aux desservants un traitement de 500 fr., en tenant compte de leur pension, qui était. selon l'âge, de 266 fr. 66 ou de 333 fr. 33 c. Les communes ne devaient fournir que le logement.

Le 5 ventôse an XIII (24 février 1805) le ministre des cultes écrivait au préfet : « Sa Majesté impériale désire que les prêtres employés jouissent d'un sort convenable. elle ne veut pas que leur pénible situation se prolonge. » Le décret du 9 messidor (28 juin 1805) porta à 183 le nombre des succursales du département payées par le gouvernement.

Les prêtres des campagnes étaient dans la misère. On lit dans plusieurs états des fabriques de 1808 : « qu'on a été obligé de supprimer les troncs et les quêtes. parce que personne ne donnait. » Un maire ajoute : « La charité est froide sur tout le reste ! » Le sous-préfet de Jonzac déclare au préfet : « que dans son arrondissement, 18 églises seulement lui ont envoyé l'état de leurs revenus. j'attribue le silence des autres au peu d'importance des revenus. »

Il n'y eut plus de prêtres que dans les succursales rétribuées par l'état. Des paroisses, dans lesquelles on pouvait espérer

que le desservant trouverait des ressources, se désintéressaient
du service religieux et en renvoyaient toutes charges à l'Etat.
Le 21 janvier 1806, Mgr Paillou demandait au ministre des
finances, de substituer sur la liste des traitements, les succursales de Notre-Dame de La Rochelle et de La Flotte (ile de Ré)
aux hospices de Saintes et de Rochefort, dont les aumôniers
étaient rétribués comme succursalistes.

Sous la tutelle de l'Etat, les âmes s'endormaient de plus en
plus dans l'indifférence religieuse, quand le décret impérial du
30 mai 1806 vint les réveiller. Il décidait que les églises
et les presbytères inoccupés seraient réunis aux curés ou
succursales dans l'arrondissement desquelles ils étaient situés ;
que ces édifices pourraient être échangés, loués, vendus, démo-
lis au profit des églises et presbytères des chefs-lieux, pour leur
procurer les fonds nécessaires.

Les protestations s'élevèrent de toutes parts.

Des communes peu peuplées, éloignées des villes, avaient
conservé intacts, pendant les mauvais jours, leur église et leur
presbytère. Dans la joie de la restauration du culte, elles
s'étaient promptement procurées, au prix de quelques sacri-
fices, les objets nécessaires au service religieux. Un prêtre, at-
tiré par leur fidélité, était venu s'établir au milieu d'elles.
Or dans l'organisation nouvelle, c'était le nombre qui l'avait
emporté; elles avaient été réunies à la commune voisine érigée
en succursale, au gros bourg, où les manifestations irréligieu-
ses avaient été les plus violentes ; leur presbytère était inoccupé
et leur église fermée. Elles s'indignèrent à la pensée d'en être
dépossédées.

Ailleurs les populations étaient indifférentes même irréli-
gieuses, mais elles tenaient à ces vieux murs, entre lesquels
tant de générations étaient passées, à ce cimetière, où elles
avaient porté tant des leurs.

Les lettres des maires, les délibérations des municipalités
réclament la conservation des églises ménacées, ils demandent
qu'elles soient érigées en succursales ou tout au moins en annexes, ils énumèrent ce qu'ils ont fait, ils exposent leur éloignement de la succursale, la difficulté des chemins, l'impossibilité de
transporter les corps de leurs défunts, l'incompatibilité d'humeur,
qui existe entre eux et leurs voisins, la grandeur de leur église,
le bon état de leur presbytère, leur désir d'avoir un prêtre, et

la promesse de lui fournir un traitement. Léoville dans sa rivalité avec Archiac fait intervenir l'évêque et le préfet.

On retrouve, sous ces affirmations de foi, de besoin d'instruction religieuse, d'assistance à la messe, de réception des sacrements, les signatures de ces mêmes hommes, qui, il y avait dix ans, signaient les déclamations contre le fanatisme et la superstition, les arrestations des ecclésiastiques et leur envoi au tribunal révolutionnaire de Rochefort.

Le conseil municipal de Boscamnan écrit sa satisfaction « d'avoir revu le jour, où l'on peut, sans crime, se dire catholique. » Celui de Pessines affirme : « que privé du culte et des exemples des personnes pieuses, le peuple se démoralise, vit comme le sauvage et en contracte les habitudes vicieuses. » Nos paysans sont toujours de l'avis du gouvernement. Le maire de Coulonges peint d'un mot cette absence de conviction en écrivant : « Nous désirons un prêtre, si la loi nous le permet ! »

Le sous-préfet de Jonzac fait connaître au préfet : « que toutes les communes de son arrondissement demandent à conserver leur église. Les supprimées sont au nombre de 60, dont la moitié à peu près seraient dans le cas d'être désignées comme annexes. »

Le sous-préfet de Saint-Jean-d'Angély ose proposer seulement « la vente de six ou huit églises de son arrondissement. »

Devant ces manifestations le conseil d'Etat décida : « que les habitants des campagnes, ayant conservé un religieux respect pour leurs Temples, les verraient démolir avec regret, pour en appliquer le produit à d'autres communes, que, dans ce cas, il était préférable de se borner à des opérations partielles, et de n'accorder les concessions sollicitées, que sur la demande des préfets et des évêques. » Ceux-ci avaient toujours été d'avis de conserver tous les édifices religieux ; ils gardaient l'espérance de pouvoir, dans l'avenir, donner un desservant à toutes les communes.

Ce moment s'éloignait de plus en plus. En 1812, il y avait dans le ministère paroissial 184 ecclésiastiques, l'année suivante le nombre en était tombé à 167.

Les prêtres réfractaires au Concordat avaient groupé autour d'eux un certain nombre de fidèles. L'empereur, averti par les rapports de ses agents, s'en préoccupait assez pour écrire à Savary, ministre de la police : « (14 avril 1811), les sieurs François, Gauthier, Malerbeau et Rodier sont quatre prêtres résidant à La Rochelle, et désignés comme dissidents et ennemis du gouvernement. Le sieur Doussin est le chef des prêtres dissidents de la Charente Inférieure et de la Vendée, où il fait de fréquents voyages. Il réside dans la commune de Dompierre près La Rochelle..., je désirerais qu'ils fussent arrêtés simultanément, et les scellés mis sur leurs papiers, et qu'ils fussent conduits, sans qu'on sut qui ils sont, soit à Vincennes, soit dans une autre prison d'Etat. »

La maison, habitée à Dompierre par M. Doussin, était disposée de telle façon qu'il pouvait, très rapidement, se cacher entre le plafond et la charpente d'une maison voisine. On le chercha vainement pendant plusieurs années (1).

Napoléon entendait gouverner l'église de France comme un de ses corps d'armée. Il avait fait enfermer à Vincennes Mgr Hirn, évêque de Tournai, et obtenu sa démission forcée. Le 14 avril 1813, M. Saint-Médard, vicaire général de La Rochelle, fut nommé à cet évêché. Pendant une année, le chapitre refusa de recevoir le nouvel élu : celui-ci en appela à l'autorité du ministre des cultes ; le séminaire diocésain fut fermé et il fut question de supprimer l'évêché de Tournay. Ainsi, par ambition, un prêtre qui avait refusé le serment et subi l'exil consentait à accepter du pouvoir civil une dignité que le souverain pontife ne pouvait lui accorder. Les événements de 1814 mirent fin à cette situation, M. Saint Médard revint à La Rochelle (2). Les anti-concordataires ne cessaient de protester.

A la première apparition des Bourbons, ils s'agitèrent avec plus d'ardeur. Leurs chefs : les abbés Blanchard et Gaschet, lançaient de nombreux écrits, ils attaquaient le pape et l'archevêque de Bordeaux. Leurs partisans déclarèrent à Mgr Paillou, qu'ils ne le reconnaissaient plus pour leur évêque, ils occupèrent des paroisses vacantes. Après d'inutiles efforts pour ramener les dissidents, Mgr Paillou en référa à l'abbé de Montesquieu, appelé par Louis XVIII au ministère de l'intérieur. Le nouveaux ministre répondit à l'évêque, le 7 juillet 1814 : « Je vous invite à faire une nouvelle tentative auprès des prêtres, dont

---

(1) M. Doussin mourut le 16 mai 1843, à l'âge de 90 ans.

(2) M. Saint-Médard devint conseiller général de la Charente-Inférieure, fut nommé chevalier de la légion d'Honneur et mourut dans l'île d'Oleron, en 1845.

vous me parlez, pour les ramener, s'il est possible, à de meilleurs principes, et à vous concerter avec les préfets, pour la répression de ceux envers lesquels vous auriez épuisé en vain toutes les voies de la douceur et de la persuasion. J'écris, M. l'évêque, à ces fonctionnaires, pour que, dans l'occasion, ils vous prêtent leur appui et fassent respecter votre autorité » (1).

Les prêtres anticoncordataires avaient été les serviteurs les plus fidèles de la royauté. Louis XVIII ne pouvait l'oublier. Après les Cent Jours, il forma le projet de les réhabiliter ; il entra en pourparlers avec Rome. Il fit écrire à Mgr Paillou, alors âgé de 82 ans, par le cardinal de Périgórd, archevêque de Paris (14 septembre 1816), pour lui demander d'adresser au pape sa démission d'évêque de La Rochelle. Ainsi Mgr de Coucy revenait dans son diocèse, les schismatiques de la veille devenaient les orthodoxes du lendemain. Le vieil évêque se redressa dans sa dignité offensée, il écrivit au pape : « Votre Sainteté n'ignore pas les récits scandaleux, que publient journellement quelques prêtres dissidents, peut-être protégés, contre le Concordat, contre Votre Sainteté et contre les évêques, qu'elle a constitués. Il serait dangereux pour l'honneur du Saint-Siège et de l'église actuelle de France, qu'elle fit un pas en arrière, et je suis persuadé qu'il en résulterait de grands inconvénients. Nous en jugeons assez par les discours des prêtres dissidents, qui prétendent que nous devons être déposés. »

Pie VII répondit (25 octobre 1816) : « Nous ne connaissons aucune raison canonique qui doive déterminer les évêques de France, actuellement constitués par l'autorité du Saint-Siège, à donner leur démission, ni à l'accepter, pas plus que nous, nous ne pourrons la sanctionner. »

L'église de La Rochelle était définitivement établie. Mais, la mort faisait dans les rangs du clergé des vides que de nouveaux prêtres ne comblaient pas. Avant la révolution, les populations de Saintonge et d'Aunis fournissaient peu d'ecclésiastiques. Les prêtres du XVIIIe siècle étaient pour la plupart des étrangers.

Au retour de l'émigration, les évêques se montrèrent jaloux de garder leurs sujets. C'est à peine si, pour des raisons particulières, quelques ecclésiastiques vinrent se fixer dans le département. Ce petit nombre fut un secours, sans lequel, en

---

(1) Affiches de la Vienne du 7 juillet 1814.

1814, le clergé paroissial n'eut pas atteint le chiffre de 150 prêtres.

Les dernières ordinations avaient eu lieu en 1790 (à La Rochelle le 8 décembre 1790). M. Bruneteau, le premier élève de M. Beaudoin, fut ordonné le 31 mars 1804 ; il était destiné à la Vendée. L'ordination de M. de Meschinet, entré au séminaire d'Issy en 1790, échappé de la prison des Carmes le 16 août 1792, eut lieu en 1806 ; celle de M. d'Argenteuil date de 1809. Elles étaient des cas particuliers. Les anciens séminaristes avaient disparu dans la tourmente révolutionnaire. En 1812, il y avait vingt ans que le sacerdoce ne se recrutait plus. Jamais l'église de France n'avait couru un si grand péril. Le recrutement et la formation du nouveau clergé furent l'œuvre principale de Mgr Paillou.